Dieses Buch gehört

....

1

Herausgeber:
Burg Riegersburg Betriebs GmbH
8333 Riegersburg 21, Austria
Tel.: +43 3153 8213-5
burg@dieriegersburg.at

Illustrationen:
Rudolf Schuppler
Barbaraweg 5, 2130 Mistelbach, Austria
schuppler@aon.at   www.grafik-schuppler.at

Text:
Sabine Theni

1. Auflage / Erschienen in Riegersburg 2020

Alle Rechte vorbehalten, insbesondere das Recht der mechanischen, elektronischen oder fotografischen Vervielfältigung, der Einspeicherung und Verarbeitung in elektronischen Systemen, des Nachdrucks in Zeitschriften oder Zeitungen, des öffentlichen Vortrags, der Verfilmung oder Dramatisierung, der Übertragung durch Rundfunk, Fernsehen oder Video, auch einzelner Text- und Bildteile.

Printed in Austria

Besuchen Sie uns im Internet: www.dieriegersburg.at

🧍‍♂️ kam durch das große 🚪 seiner wunderschönen 🏰.

Da sah er Ritter 🤺 auf der großen ⚙️ stehen.

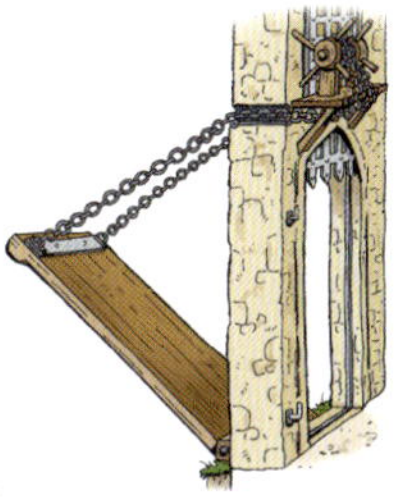

🤺 schien aufgeregt zu sein.

Er fuchtelte wie wild mit seinen ✋✋.

„Mir ist mein 🗡 aus dem 👝 gerutscht!

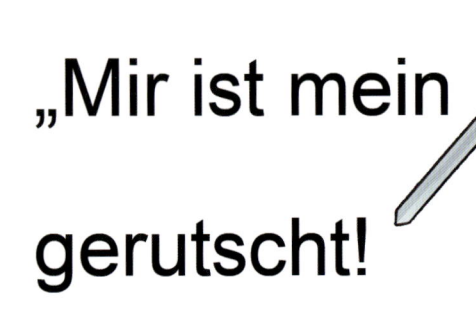

Das ist bestimmt am ⛰ passiert!

Oooh, ein 🤺 ohne 🗡!

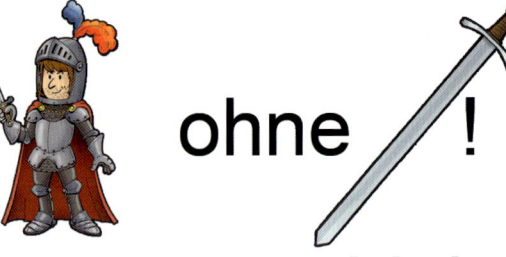

Das will ich nicht sein! Ich werde es suchen!"

5

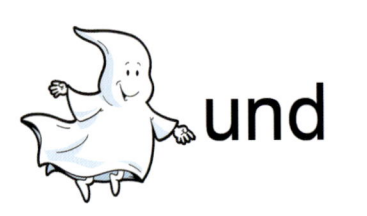

🪦 und 🤺 machten sich auf die Suche nach dem verlorenen ⚔.

Weit waren sie noch nicht gekommen, als ihnen die brummige Köchin 👩‍🍳 entgegenkam. „Was macht ihr beide denn?", brummte sie. „Wir suchen mein ⚔!", erklärte 🤺.

7

„Da könnt ihr auch gleich meinen 🥄 suchen!", bestimmte 👩‍🍳. „Als mir gestern der 🍖 angebrannt ist, habe ich ihn aus dem 🪟 geworfen!"

Typisch 👩‍🍳!

Also machten sich 👻 und 🤺 auf die Suche nach dem 🥄 und dem 🗡.

9

Plötzlich rannte ein 🐴 an 👻 und 🤴 vorbei.

Die Dienstmagd 👸 lief weinend hinter dem 🐴 her.

„👸, was ist passiert?", fragten 👻 und 🤴.

11

„Gestern habe ich den 🧹 verlegt und heute sogar einen 🐴 verloren.

Da wird die Burgherrin aber schimpfen. Helft ihr mir beim Suchen?", schluchzte 👧.

So machten sich 👻, 🤴 und 👸 auf die Suche nach dem 🧹, dem 🐴, dem 🥄 und dem 🗡.

13

Da kam auch noch der kleine 🛡 von 🛡 daher. Der 🛡 bekam einen hochroten 😳 als er seinen 🤺 sah.

„Ritter 🛡! Mir ist etwas ganz Ungeschicktes passiert!"

„Ich wollte gerade deinen 🪖 putzen, als plötzlich ein 🐴 an mir vorbei galoppierte.

Ich bin so erschrocken, dass ich deinen 🤺-🪖 fallen ließ.

Der 🪖 ist wie ein großer ⚽ den Berg hinunter gekugelt und ich kann ihn nicht mehr finden."

16

17

🐴, 🤴 und 👸 versprachen, den verlorenen ⛑ zu suchen.

Ganz unten am Burgweg überholte sie ein 🤵 auf einem lahmen 🐴. „Ich bin auf dem ⛰ zum 🔨, weil mein 🐴 ein 🧲 verloren hat. Wenn ihr es finden könntet, wäre das großartig", erklärte der 🤵 und ritt davon.

19

Nun gab es aber sehr viel zu suchen: ein 🧲, einen 🪖, einen 🧹, einen 🫏, einen 🥄, und achja auch noch ein 🗡️.

Die 👦👧 vom 🏘️ rannten herbei und wollten bei der Suche mithelfen.

Das war ja die reinste 🍽️-jagd!

21

Mit so viel Hilfe fanden 👻 und seine Freunde bald das  🗡 im 🏰.

Da war es 🧑‍🦱 aus dem 👖 gerutscht.

Der 🧹 lehnte hinter einem 🌳 auf der  🌿 🤴 zum 🧗.

Dort hatte ihn 👸 nach der Jausenpause vergessen.

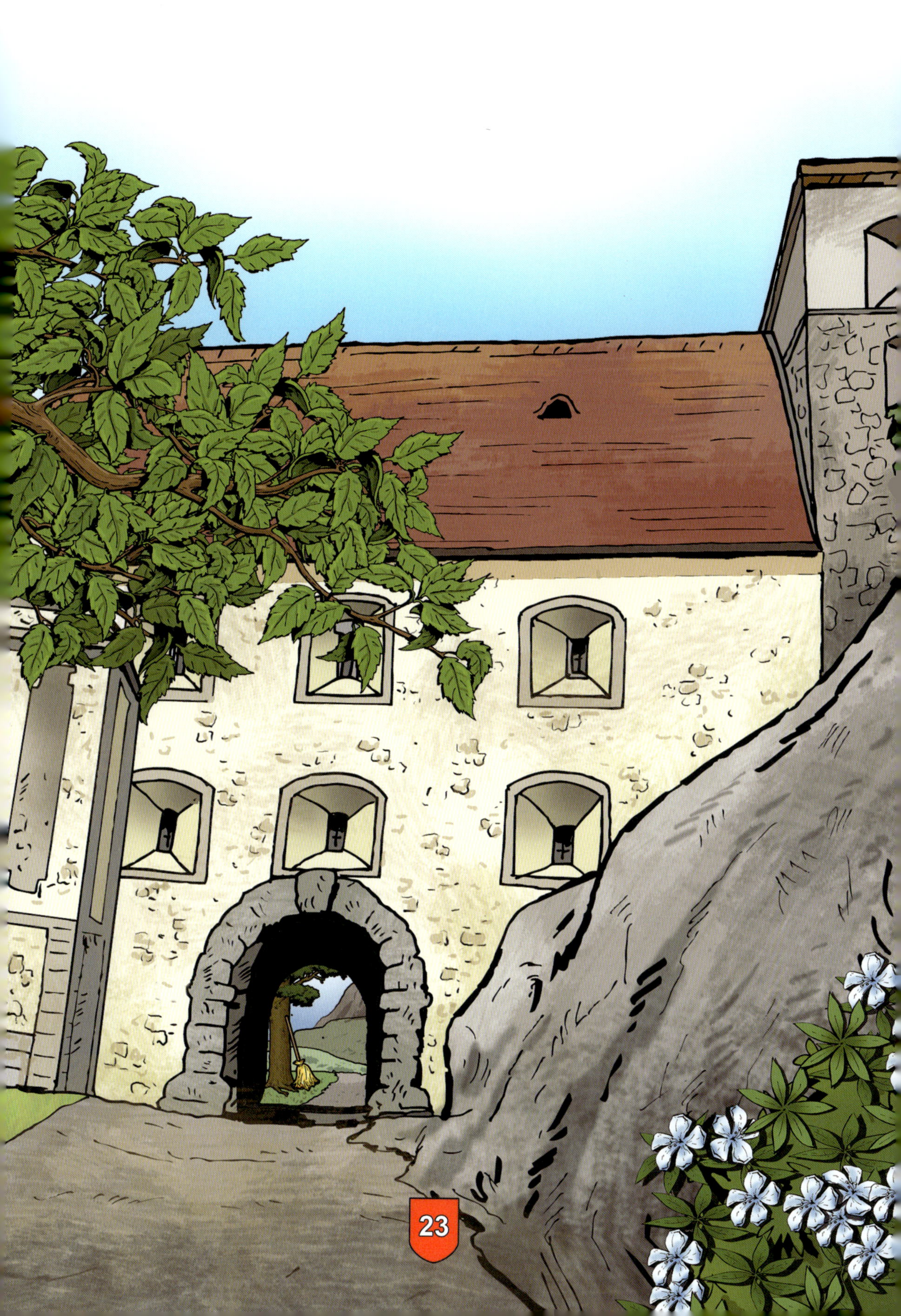

Der 🤴-⛑ kugelte bis zum 🐝🏠.
Den 🥄 hatte 👩‍🍳 bis zum 🪣 am Grenzlandehrenmal geworfen und das 🧲 lag gleich neben dem 🏰.

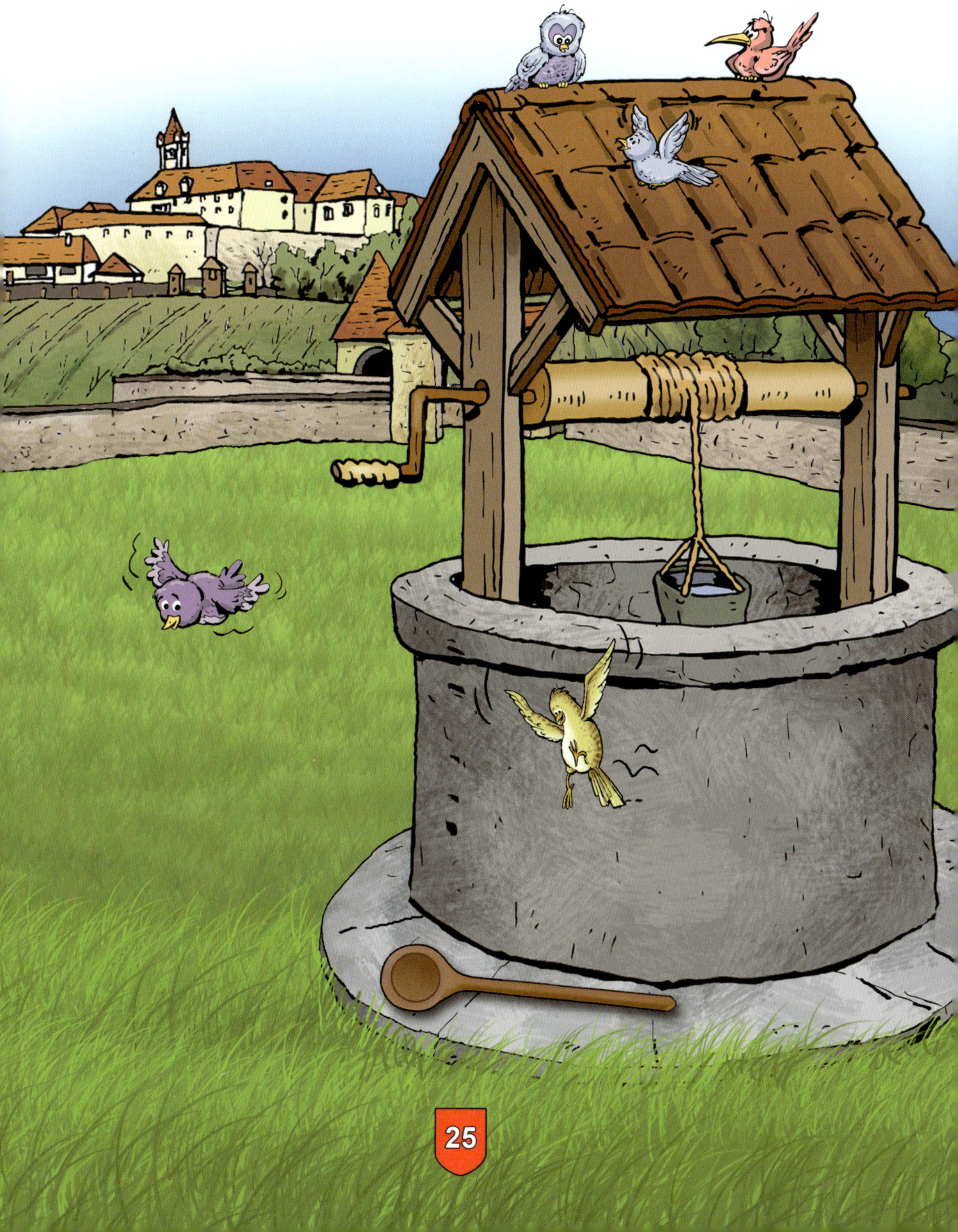

Jetzt fehlte nur noch der 🫏.
Wo hatte sich dieser Ausreißer versteckt? Hinter der 🛠️ schaute er plötzlich hervor!

Alle 6 Sachen waren nun gefunden und die fleißigen 🥩-jäger hatten sich eine Belohnung verdient!

Gemeinsam verspeisten sie den herrlichen 🥧, den 👩‍🍳 für sie gebacken hatte.

TAVERNE

27

👻 fand diese 🍖-jagd so lustig, dass er die 6 verlorenen Dinge wieder am 🏰 versteckt hat. Komm und such sie! Wenn du alle 6 Sachen findest, gibt es auch für dich eine kleine Belohnung!

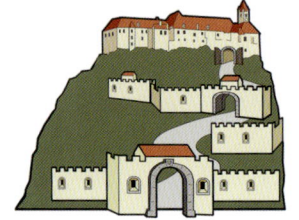

29

Rüdiger

Burgtor

Riegersburg

Zugbrücke

Burghart

Hände

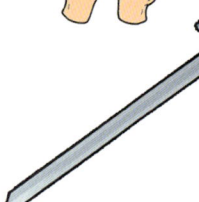

Schwert

Gürtel

Burgweg

Ritter

Brumhilde

Kochlöffel

Schweins-
braten

Fenster

Esel

Burgundi

Besen

Knappe

Kopf	Kinder
Helm	Dorf
Ritterhelm	Schnitzel
Ball	Cillitor
Bote	Baum
Pferd	Wiese
Weg	Klettersteig
Schmied	Bienendorf
Hufeisen	Brunnen

Spielplatz

Schmiede

Apfelstrudel

Burgberg

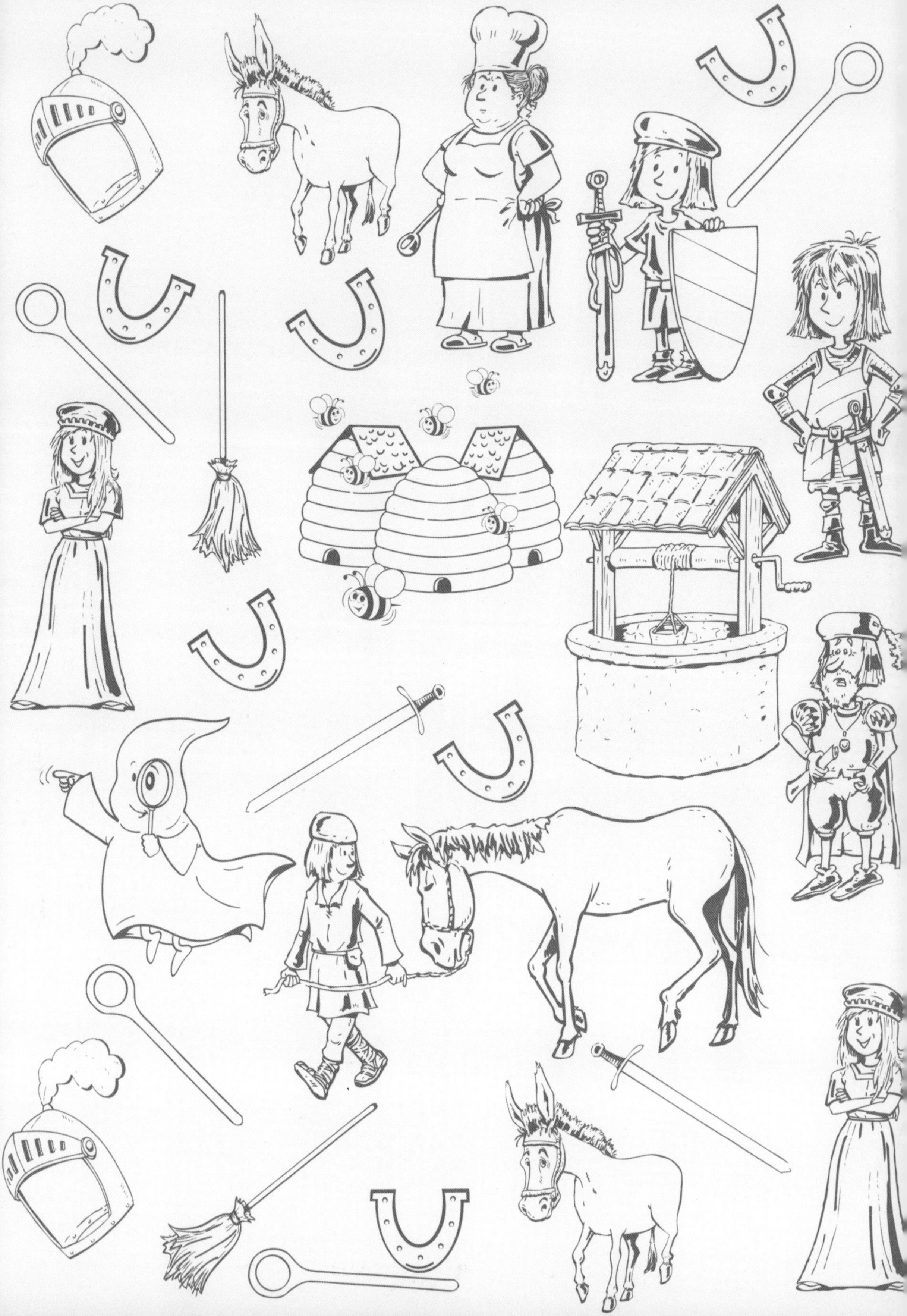